La Vida Existencial

———•••———

LANE CARNES

Copyright © 2024 Lane Carnes.

All rights reserved. No part of this book may be reproduced, stored, or transmitted by any means—whether auditory, graphic, mechanical, or electronic—without written permission of both publisher and author, except in the case of brief excerpts used in critical articles and reviews. Unauthorized reproduction of any part of this work is illegal and is punishable by law.

ISBN: 978-1-63950-228-8 (sc)
ISBN: 978-1-63950-229-5 (e)

This publication contains the opinions and ideas of its author. It is intended to provide helpful and informative material on the subjects addressed in the publication. The author and publisher specifically disclaim all responsibility for any liability, loss, or risk, personal or otherwise, which is incurred as a consequence, directly or indirectly, of the use and application of any of the contents of this book.

Writers Apex

Gateway Towards Success

8063 MADISON AVE #1252
Indianapolis, IN 46227
+13176596889
www.writersapex.com

Index

"Pearl of the Caribbean" 6

"Inextinguishable Light" 10

"Sesame Candy" 14

"Phosphorescent Candles" 18

"The Crowd" 22

"Flight of the Nightingale" 26

"My Eyes for You" 30

"Bells from Guadalajara" 35

"The Mirror's Shadows" 40

"Majestic Tree" 44

"The Morning Song" 48

"A Present for You" 52

"The Bluebird" 56

"Gamboa" 60

"Portobelo" 66

"La Porte" 72

"The Ivy" 76

"The Fiftieth" 79

"Riding a Bicycle" 82

"Sunday Mass" 86

Índice

"Perla Caribeña" 4

"Luz Inextinguible" 8

"El Ajonjolí" 12

"Velas Fosforescentes" 16

"Muchedumbre" 20

"Vuelo del Ruiseñor" 24

"Mis ojos para ti" 28

"Campanas de Guadalajara" 32

"Sombras del Espejo" 38

"Árbol Majestuoso" 42

"El canto en la Mañana" 46

"Un regalo para ti" 50

"El Azulejo" 54

"Gamboa" 58

"Portobelo" 62

"La Porte" 70

"La Yedra" 74

"El cincuentón" 78

"Montando Una Bicicleta" 80

"Misa Dominical" 84

"Perla Caribeña"

Flotando sobre arenas vírgenes,
Perla borinqueña resplandece
como luna repleta,
naufragada en olas celestiales,
Su belleza resplandece completa.

Entre el bullicio de espuma enriquecedora,
Isla con palmas tropicales
baila sobre agua tibia,
dejando una huella encantadora,
Escarba su lugar sin soberbia.

Su marea se mece
contra las orillas de Aguadilla,
Loros puertorriqueños cantan,
Quebrabas cristalinas del cielo
caen sobre Quebradillas,
Lomas majestuosas suspiran.

Perla preciosa del taíno hospitalario,
Piratas zigzaguean entre olas
de seda azul,
Su tesoro desciende
en vueltas de espiral transitorio,
Descansa eternamente
en un sumergido baúl.

Montañas de la Cordillera Central
abrazan el flamboyán,
El Viejo San Juan ilumina
calles empedradas,
El jíbaro les canta
al monte y al mar con su caimán,
Notas musicales se esfuman
entre nubes desterradas.

(9/09—Canyon Lake, Texas)

"Pearl of the Caribbean"

Floating on virgin sands,
The *Borinqueña* pearl shines like
a full moon,
Shipwrecked in celestial waves,
Its beauty gleams completely.

Between the enriching
bustling foam,
Island with tropical palm trees
dances on warm water,
leaving a charming print,
Scraping its place without pride.

Its tide swings against the shorelines
of *Aguadilla*,
Puerto Rican parrots sing,
Crystalline waterfalls from the sky
descend
upon *Quebradillas*,
Majestic hills sigh.

Precious pearl of the hospitable *Taíno*,
Pirates zigzag in between
silky blue waves,
Its treasure falls
in transitory spiral formations,
It rests eternally
in a submerged chest.

Mountains of the Central Sierra Ridge
embrace the *flamboyán*,
Old San Juan illuminates
cobblestoned streets,
The *jíbaro* sings to the hill
and sea with its cayman,
Musical notes vanish in between
exiled clouds.

(9/2009—Canyon Lake, Texas)

"Luz Inextinguible"

La oscuridad oscila entre desconocidas
telarañas misteriosas del alba,
Momentos de soledad dudosa
entre un
existir y no-existir,
Como un río caudaloso y destructivo
que se hincha y no se acaba,
Pensamientos sometidos a una sombra
que alivia el calor de un
constante vivir.

Solos nos encontramos en un molino de
tormentas desesperadas,
El abrazo caluroso de un amigo
nos tranquiliza,
Desterrados como raíces de un árbol
que derrama sus lágrimas
de esperanzas despojadas,
Caemos en un pozo de poca profundidad
en donde el alma se realiza.

Entre hojas y ramas adormecidas por
el mecer de los vientos,
Entre olas temerosas de fuerzas
inexplicables,
Nuestro espíritu enredado por la
espinosa contradicción
de sentimientos,
Nos apacigua con su color escarlata
en pantalla pintada por pincel
de atardeceres inolvidables.

Vivimos como seres naufragados
en el existir de un océano poderoso,
La lógica de nuestros pensamientos nos
guía por su tempestad,
El rocío del amanecer nos alivia la sed
con la fe del Todopoderoso,
Su promesa de descanso eterno
nos afrima su divina amistad.

(9/2009—Canyon Lake, Texas)

"Inextinguishable Light"

Darkness oscillates in between
unknown and mysterious cobwebs
of the twilight,
Moments of doubtful solitude
in between being and nonbeing,
Like a large flowing and destructive river
that swells without end,
Thoughts submitted to a shadow
alleviating the heat
of a constant state of living.

Alone we find ourselves
in a windmill of desperate storms,
The warm embrace of a friend
calms us,
Banished like tree roots
spilling their tears of relinquishing hope,
We fall in a shallow well
in which the soul creates itself.

In between sleeping leaves and branches
of the swaying winds,
In between fearful waves
of inexplicable forces,
Our spirit twisted by the thorny
contradiction of feelings,
Calms us with its scarlet color
painted on a canvas by a brush
stroke of unforgettable evenings.

We live like shipwrecked beings
in the existence of a powerful ocean,
The logic of our thoughts guides us
through its storm,
The dew of dawn alleviates our thirst
with the faith of the All Powerful,
His promise of eternal rest
affirms his divine friendship.

(9/2009—Canyon Lake, Texas)

"El Ajonjolí"

Muchachito cano, dulce oro
era su cabello lacio,
Las muchachas manoseaban
esas sombras doradas,
Sus ojos azules iluminaban
caras trigueñas.

Cada mañanita el timbre
sonaba puntualmente,
A las diez y media,
Muchachos corrían
a la casita,
Allí embotellado estaba
el ajonjolí entre tarjetas
de peloteros
masticando chicles.

Esa hora mágica de
recuerdos matinales,
de empanadillas de guayaba,
de coquito, pastelillos
de queso, el límber congelado.

El sol se abalanzaba entre
un cielo anubarrado,
Una brisa aletargada siempre
mecía las hojas como
columpios entre árboles.

Entre bocados de ajonjolí
resonaban las voces femeninas,
"Qué lindo su pelo",
El sabor de la inocencia era
mi dicha.

Me recuerdo de los gallitos,
semilla de la algarroba,
Hilo de zapato lo
sostenía,
uno plantado en la arena,
otro zumbándose por
el aire.

Villa Nevárez, aquel barrio
en Hato Rey, donde los
juegos de pelota con bola
de goma continúan,
La azotábamos por
las ventanas de una verja que
encerraba la escuelita.

El gallo cantaba,
Los muchachos estudiaban
en esa escuelita de
Julio Sellés Solá.

(9/2009—Canyon Lake, Texas)

"Sesame Candy"

Clear haired boy, his golden sweet
straight hair,
Girls touched those golden
shadows,
His blue eyes illuminated
light dark colored faces.

Each morning the bell
rang punctually,
At ten thirty,
Children ran to the
little house,
There in the glass containers
the sesame treats
rested among baseball
cards,
chewing gum.

That magical hour
of morning memories,
of guava *empanadas*,
of coconut ice cream,
of deep fried cheese
pies,
frozen flavored
water in a cup.

The sun balanced itself
between a cloudy sky,
a lethargic breeze always
swayed the leaves
like swings between
the trees.

Between bites of the sweet
sesame,
Feminine voices resonated,
"How beautiful his hair,"
The flavor of innocence
was my joy.

I remember the *gallito*,
Seed of the carob bean,
Shoe string sustained it,
The seed of my opponent
planted in the sand,
the other zooming
through the air.

Villa Nevárez, that neighborhood
in Hato Rey,
where those baseball games
with a rubber ball
continue,
We would hit it through
the window-like openings
of the fence
surrounding the school.

The rooster crowed,
Children studied in
that school,
Julio Sellés Solá.

(9/2009—Canyon Lake, Texas)

"Velas Fosforescentes"

Velas iluminan senderos escondidos
entre bosques inconcebibles,
Luz natural de tiempos
prehistóricos,
Luz de cueva resplandece
historias del pasado,
Cazadores,
abrigados con piel
de animal,
Escondidos en su propia
realidad.

Velas fosforescentes brillan
sobre la mesa,
Platos repletos de comida,
Caras sombreadas por ráfagas
de oscuridad desplegándose,
Luz se expande en los ojos,
Maravillas de perla se
dilatan entre tonos de voces,
Dos personas conversan románticamente
entre copas de vino.

Se escuchan olas en el fondo
desconocido,
Olas que se perciben
directamente,
Olas de luz emitidas por la
luna,
Estrellas diáfanas sostenidas
por los dedos de Dios.

Sentados nos pinta la vela
con su pincel,
tonos
amarillos y rojos. . .

Un pétalo de su centro
cae sobre la mesa,
La luz se desprende serenamente.

(9/2009—Canyon Lake, Texas)

"Phosphorescent Candles"

Candles illuminate hidden paths
between inconceivable forests,
Natural light from prehistoric
times,
Light from a cave reveals
stories from the past,
Hunters,
Clothed with animal
leather,
Hidden in their own
reality.

Phosphorescent candles shine
on the table,
Plates replete with food,
Faces shadowed by waves
of darkness unfurling,
Light expands in the eyes,
Marvels of pearl disseminate
between tones of voices,
Two people converse romantically
between glasses of wine.

Waves are heard in the unknown
background,
Waves directly perceived,
Waves of light emitted by the
moon,
Diaphanous stars sustained
by God's fingers.
Seated the candle with its brush
paints for us,
yellow and red
tones. . .

A petal from its center
falls on the table,
Light serenely detaches itself.

(9/2009—Canyon Lake, Texas)

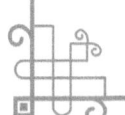

"Muchedumbre"

Tacones salpican sobre piedras
adoquinadas,
Sentados en mesa labrada
en flores concéntricos,
Colores vibrantes llenan
la atmósfera—
anaranjado, violeta, marrón,
verdeoscuro—
Tambalean entre la hojarasca
de gente.

Campanas de tapatío
suenan en la distancia,
Luna llena aparece entre
el azul claro de un crepúsculo
nuevo,
Trompetas de mariachi dispensan
notas musicales,
Desaparecen en nidos
transparentes
de sonido.

Elote a la parrilla,
Garbanzos verdes en bolsa
salada,
Caña de azúcar picada,
Rociada por gotas azucaradas
de la luna,
Luz iluminada de lámpara
fosforescente,
Sombras alargadas
de Clemente Orozco
marcan las murallas
de la Casa de Huérfanos.

Catedral adornada
en trozos de oro,
Hombre humilde con bastón
de madera reza con su
familia,
Sombras de gente pasan como
árboles humanos,

Ruedas de vendedores estrellan sobre
adoquines,
Risas, voces, tacones,
conversan en armonía
en Tlaquepaque.

(12/27/2009—Guadalajara, México con Jan)

"The Crowd"

Heals splash resoundingly on
cobblestones,
Sitting at a table embroidered
with concentric flowers,
Vibrant colors fill
the atmosphere—
orange, violet, brown,
dark green—
Swaying in the withered leaves
of people.

Tapatío bells
ring in the distance,
Full moon appears between
the clear blue of a new
twilight,
Mariachi trumpets disperse
musical notes,
Disappearing in transparent
nests of sound.

Grilled corn,
Green chickpeas in a
salted bag,
Cut sugarcane,
sprinkled with sweetened drops
from the moon,
Illuminated light from the
phosphorescent lamp,
Long shadows of
Clemente Orozco
cover the walls of the
Orphan's House.

Decorated cathedral
in golden pieces,
A humble man with a wooden
cane prays with his
family,
Shadows of people pass by
like human trees,
Wheels of merchants crash
on paved stones,
Laughter, voices, heels,
converse harmoniously
in Tlaquepaque.

(12/27/2009—Guadalajara, Mexico with Jan)

"Vuelo del Ruiseñor"

Plumas parduscas protegen el pericarpio
de su ser,
Luz sudorífera calienta su cuerpito
en el corazón del invierno,
Amapolas duermen en su semilla
subterránea,
El crepúsculo raya el día con la claridad
de su querer,
Hojas tambalean en las ramas
de un árbol tierno,
Rizoma de nenúfar flota en
agua coetánea,
el pasado, presente, futuro
permanecen sin cambiar.

Sombras de luz languidecen
entre los despojos de
una mañana que se desvanece,
Iluminación de un atardecer
que resucita entre
las prendas de colores
naturales en que nace,
Sonidos guturales del ruiseñor

se deslizan
por senderos abandonados,
Ecos de una campana distante
repican en momentos ahondados,
Pinzones juegan como
avionetas meciéndose
en columpios imaginarios.
Palabras del poeta vuelan
como el ruiseñor
dejando versos marcados
en el espacio invisible
del aire,
La tinta del bolígrafo mancha
la página blanca
con un bermejo espeso
cicatrizando
una imagen permanente
con su donaire vociferado.

(1/11/2010—Canyon Lake, Texas)

"Flight of the Nightingale"

Brownish colored feathers protect the
pericarp of its being,
Sudoriferous light warms its body
in the heart of winter,
Poppies sleep in their subterraneous
seed,
The twilight lines the day with the
clarity of its love,
Leaves sway in the branches
of a tender tree,
Rhizome of a white water lily floats
in contemporaneous water,
The past, present, future
remain without changing.

Shadows of light languish
between the spoils of
a vanishing morning,
Illumination of an evening dusk
resuscitates between
gems of natural colors which
give birth,

Guttural sounds of the nightingale
slide down abandoned
paths,
Echoes from a distant bell
ring in deepening moments,
Finches play like toy
airplanes swaying
from imaginary swings.

Words from the poet fly
like the nightingale
leaving verses marked
in the invisible space
of air,
The ink from the pen stains
the white page
with a thick vermilion
scarring
a permanent image with its
vociferous gracefulness.

(1/11/2010—Canyon Lake, Texas)

"Mis ojos para ti"

Te veo en la médula de
la orquídea,
Tu candor sonrosado
es sincero,
Tus ojos verdes oscuros
nacen en la cúpula
de la marea,
Un amor verdadero.

El río de mi corazón
murmura,
La lucidez transparente
de aurora se desplaza,
Agua del rocío
conjura,
Una luz radiante de mi
quebrada amorosa se
desliza.

Bebo el néctar del
amor como la abeja
de una azucena blanca,
Aprecio la belleza de
tu espíritu con sus colores
reflejados en el espejo
de tu corola.

Eres la sombra que permanece
en mis ojos,
Eres la luz vibrante inspirada
por la media luna,
Tu ser duerme en la cuna
de mi alma,
Tu ser es la flor que nunca
se marchita.

Te amo con todo el pudor
de mi ser.

(1/26/2010—Canyon Lake, Texas)

"My Eyes for You"

I see you in the marrow
of the orchid,
Your rose-colored candor
is sincere,
Your dark green eyes
are born in the tide's
dome shaped structure,
A true love.

My heart's river
murmurs,
The transparent lucidness
of dawn displaces itself,
The dew's water
promises,
A radiant light glides
from the loving
rivulet of my being.

I am like the bee
drinking love's nectar
from a white
lily,
I appreciate the beauty
of your spirit with its
reflective colors in the
mirror of your corolla.

You are the shadow dwelling
in my eyes,
You are the vibrant light
inspired by the half-moon,
Your being sleeps in my
soul's crib,
Your being is the flower that
never withers.

I love you candidly
with all my being.

(1/26/2010—Canyon Lake, Texas)

"Campanas de Guadalajara"

Burbujas de agua
sostenidas por plumas
de paloma,
Fuentes de agua armonizan
con notas sonoras de
campana,
Pelotas multicolores
de niños
rebotan entre el sonido
de timbales
de madera.

Piedras de la catedral
permanecen eternas
intercaladas
en la penumbra histórica,
Mujer indígena con
falda de tela verde
con su bebé sostenido
en su espalda,
Herencia huichol
de tejidos
de algodón se funden
con un cielo grisáceo salpicado
de nubes pintadas
en colores de algodón.

Comida mexicana de enchiladas
de paisano,
Tortillas de maíz
se encuentran en cada
rincón,
Ecos de la campana
se mecen entre
la bulla de gente
paseándose.

El agua salpica,
La bocina de un carro
canta,
Gente colorida camina,
Se sientan en la plaza
principal,
Gozan del atardecer
tranquilo,
El sol se acuesta,
La luna llena se despierta,
El color anaranjado,
Pinturas de Clemente Orozco
decoran las paredes
de Guadalajara,
Mercado lleno de artesanías,
Mariachis de barro
pintados
en colores vivos.

Collares hechos de
vidrio soplado,
La noche espera pacientemente,
Los ojos de la luna pestañean
con anticipación,
Calor humano florece entre
la pareja anciana,
Disfruta de un helado
debajo del árbol,
Juguete de paracaídas
asciende en el aire,
Descendiendo entre ráfagas
policromadas de luz.

Familias caminan lentamente
respirando el aire
de gozo,
Distraídos por el aire
fresco de Guadalajara,
Un atardecer en la víspera
de la Nochevieja.

(12/30/2009—Centro de Guadalajara con Jan)

"Bells from Guadalajara"

Water bubbles sustained
by pigeon feathers,
Water fountains harmonize
with sonorous notes from
a bell,
Children's multicolored balls
bounce in between the sound
of wooden kettledrums.

Stones from the cathedral
remain eternally interpolated
in the historic half-light,
Indigenous woman with
skirt of green fabric
sustaining a baby
on her back,
Huichol heritage of cotton
thread fused
with a grayish sky sprinkled,
painted with cotton colored
clouds.

Mexican food, *paisano* enchiladas,
Corn tortillas
abound in each corner,
Echoes from the bell
sway in between the noise
of people strolling.

Water splashes,
The horn of a car
sings,
Colorful people walk,
Sitting in the main plaza,
Enjoying the tranquil
evening dusk,
The sun lies down,
The full moon wakes up,
The orange color,
Clemente Orozco's paintings
decorate the walls of
Guadalajara,
Market full of artisan's
goods,
Clay mariachis
painted
in vivid colors.

Necklaces made from
blown glass,
Night waits patiently,
Eyes from the moon blink
with anticipation,
Human warmth blossoms
in between the older couple
enjoying ice cream
under a tree,
Toy parachute
ascends in the air,
descending between
polychromatic bursts of light.

Families walk slowly
breathing,
Gasping delightfully,
Distracted by the fresh
air of Guadalajara,
An evening arrives
on the eve of New Year's
Eve.

(12/30/2009—Downtown Guadalajara with Jan)

"Sombras del Espejo"

Figuras de tres dimensiones,
Cara cubista con ojos
rectangulares,
Cuerpo pintado por
cristal transparente,
Rayos del sol penetran
la casa
estirándose como abanico
entre rincones esparcidos. . .

Flores perfumadas de rosa
blanca
se mantienen rectas
en jarra de agua,
Pájaros juegan en el
esplendor
de luces majestuosas
reflejadas en las hojas,
ramas bifurcadas,
piedras pavimentadas
en la tierra. . .

Cielo magnético sonríe
entre columnas de nubes,
Luna de cuarta luz
se sostiene entre estrellas
brillantes,
Notas sonoras de
viento placentero
vociferan en dimensiones
audibles. . .

Olas valientes se levantan
en un océano
profundo,
Vacilan en ondulaciones
sistemáticas
de energía natural,
Mundo en que la montaña
más alta alcanza
lo infinito,
Reflejo de gotas de lluvia
derramándose
sobre la ventana de
un corazón. . .

Uno que siente, uno que aspira
en su propia realización,
Sombras creadas por la pintura
de figuras en un espejo.

(1/17/2010—La casa de Jan en San Antonio, Texas)

"The Mirror's Shadows"

Three dimensional figures,
Cubist face with rectangular
eyes,
Body painted by a
transparent crystal,
Sunrays penetrate
the house
stretching like a hand fan
in between scattered corners. . .

Perfumed flowers of white
rose
stay erect in a water
vase,
Birds play in the splendor
of majestic lights
reflected in the leaves,
Bifurcated branches,
Rocks buried in the
soil's surface. . .

Magnetic sky smiles
between columns of clouds,
The crescent moon's light
sustains itself between
bright stars,
Sonorous notes
of pleasant wind
vociferate in audible
dimensions. . .

Courageous waves rise
in the deep ocean,
Vacillating in systematic
undulations
of natural energy,
World in which the highest
mountain reaches
the infinite,
Reflection of raindrops
gliding on a heart's
window. . .

One that feels, one that aspires
in its own realization,
Shadows created by the painting
of figures in a mirror.

(1/17/2010—Jan's house in San Antonio, Texas)

"Árbol Majestuoso"

Reflejos de sombra adornan
la mesita blanca,
Una brisa suave acaricia
la piel,
Brazos del encino
brotan hacia el cielo,
Piel carcomida de su
tronco se despeja,
Tarde suavizada por
la calma de
campanitas resonando,
Canto de pájaro se desplaza
sobre la lucidez de un
cielo azulino. . .

Colores de café
bailan sobre la reja
del patio,
Alas del pájaro expanden
entre hojas densas,
Tarde alargada por el
inicio de la primavera,
Semillas brotan en la

cáscara de la tierra,
Música del vecino genera
una sinfonía de sonidos,
Vidrio manchado de colores
vivos,
Simetría del espectro solar
intercalado con sonidos
naturales invade ese
espacio reservado
para el árbol,
Este instante único
se cimienta
eternamente en el corazón
de esta página. . .

Palabras sostenidas por
un atardecer que deja
su huella de pie en este momento. . .

(2/21/10—La casa de Jan en San Antonio, Texas)

"Majestic Tree"

Reflections of shade adorn
the white table,
A soft breeze caresses
the skin,
Arms of the oak
germinate towards the sky,
rotting skin peels from
its trunk,
Afternoon softened by the
calmness of bells resonating,
A bird's song disperses
on the lucidity of a bluish
sky. . .

Brown colors
dance on the yard's fence,
Bird-wings expand
in between the dense leaves,
Afternoon elongated by
the beginning of spring,
Seeds germinate in
the earth's husk,
The neighbor's music generates
a symphony of sounds,
Glass stained by bright
colors,

Symmetry of the sun's spectrum
interconnected by natural
sounds invading that
tree's reserved space,
This unique moment
cemented eternally in the
heart of this page. . .

Words sustained by
an afternoon leaving its
footprints in this moment. . .

(2/21/10—Jan's house in San Antonio, Texas)

"El canto en la Mañana"

Pajarito carrizo salta sobre
las ramitas,
Dulzura de la lluvia
cae sobre la terraza,
Nubes saturan el día
con su capa de primavera,
Sollozos de la brisa tambalean
alrededor del tronco,
El olmo genera una
estabilidad perdurable,
Mesa de madera en este
comedor soleado por
paredes amarillas,
Reflejos de hojas
recién nacidas brotan. . .

Flores opacas pierden su
ardor en la jarra,
Hierba expande sus raíces
en la tierra húmeda,
Plantas se refrescan de
la lluvia natural,
Fluir de la catarata
del cielo,

Pétalos blancos descienden
del árbol,
Fruta de melocotón
germina en su semilla,
Bebe del rayo solar
que alivia su sed. . .

Verja de madera pálida
sostiene el jardín,
Semillas de pájaro
enfrascadas,
suspendidas de un árbol,
Ruiseñores comen la semilla
enriquecida,
Golondrinas expanden sus
plumas
delicadas
en el aire perfumado
por olores vírgenes,
Ciclo eterno de ir y venir. . .

Se pasa la temporada en las
alas de reyezuelo,
Plumaje extendido
en el aire,
Viento consuela ese
sentimiento interior. . .

Canto matutino
vigoriza el alma,
Esa quietud que tranquiliza,
Envuelta por mantas aligeradas
por un amor
renovado cada día. . .

(3/8/2010—La casa de Jan en San Antonio, Texas)

"The Morning Song"

A wren jumps on small
branches,
Rain's sweetness falls
on the terrace,
Clouds saturate the day
with its spring cover,
Whispering breeze balances
itself around the trunk,
The oak generates a
long lasting stability,
Wooden table in this
dining room sunbathed
by yellowish walls,
Reflections of new leaves
germinate. . .

Opaque flowers lose
their vibrancy in
the vase,
Grass expands its roots
in the humid soil,
Plants refresh themselves
in the natural rain,
Waterfall flows from the sky,
White petals descend
from the tree,
Peach fruit flourishes
in its seed
drinking the solar ray,
alleviating its thirst. . .

Pale wooden fence
sustains the garden,
Birdseed encapsulated,
Suspended from a tree,
Nightingales eat the
enriched seed,
Sparrows expand their
delicate wings
in the air perfumed
by virgin smells,
Eternal cycle of coming
and going. . .

The season passes on
the wren's wings,
Extended plumage
in the air,
That interior feeling
consoled by the wind. . .

Morning song
invigorates the soul,
That calming stillness,
Enveloped by blankets
lightened by the renewing
love of each day. . .

(3/8/2010—Jan's house in San Antonio, Texas)

"Un regalo para ti"

Los días vienen,
Se van como las lluvias
de primavera,
Aguas caen de cataratas
de tu alma,
Reflejos de hojas bailan
sobre las ventanas rectangulares
de tu comedor,
La energía de tu ser brota
como el abaniqueo
de una mariposa,
Su plumaje tintado por
colores vibrantes.

Eres la esmeralda única de
cada atardecer,
Eres la sonoridad de
cada melodía,
Eres el milagro de Dios
para todos,
para mí.

Compartes tu belleza conmigo
como la fruta dispensa
su néctar para saborear,
Refrescas el paladar de
mi corazón.

Color amarillo de tu comedor
llena mis ojos con
su claridad,
Regocijo los momentos
contigo,
Memorias eternas,
Arrodillados en la iglesia.

Feliz cumpleaños
mi bella novia,
Eres el crepúsculo de
cada anochecer,
La aurora de cada
amanecer,
El fuego candente del amor
que siento por ti.

(4/3/2010—La casa de Jan en San Antonio, Texas)

"A Present for You"

Days come,
They leave like spring
showers,
Water descends
from the waterfalls
of your soul,
Reflections of leaves
on your dining room's
rectangular windows,
Energy from your being germinates
like the fanning of a butterfly,
Its plumage tinted by
vibrant colors.

You are the unique emerald
of each setting dusk,
You are the sonority of
each melody,
You are the miracle of God
for everyone,
for me.

You share your beauty with me
like the fruit dispensing
its savorous nectar,
You refresh the palate of
my heart.

Your dining room's
yellow hue
fills my eyes with
its clarity,
I enjoy moments with
you,
Eternal memories,
Kneeling in church.

Happy birthday
my beautiful girlfriend,
You are the crepuscule of
each evening dusk,
The aurora of each
dawn,
The candescent fire of my
love for you.

(4/3/2010—Jan's house in San Antonio, Texas)

"El Azulejo"

Vapor de humedad sopla
entre los cantos
de pajaritos,
Monos entre la hojarasca
danzan
como acróbatas,
Guineos amarrados en
una soga,
Hojas asimétricas
descansan sobre las
manos del viento,
Pájaro negro manchado
de rojo
brinca de una rama
a otra,
Puente de las Américas en
la distancia,
Unión simbiótica
entre las Américas,
Entre los troncos,
Las flores del flamboyán,
Insectos tararean entre
el follaje
de la mañana.

Nubes llenan el cielo,
Cielo azulado rayado
con tinta gris,
Pared de bambú
sostiene su mirada sobre
las palmeras tambaleándose

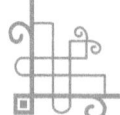

en el aire del Pacífico,
Patacones deliciosos
decoran platos,
Brisa lenta, refrescante
alivia al tocar la piel.

Gutural de ave rompe
el silencio del coro
de golondrinas,
La flora bebe la lluvia
nutritiva,
Techo de latón se esconde
en la verdura del paisaje,
Viñas cuelgan como cortinas
entre un espectáculo
de ramajes,
Ardilla de cola gruesa se trepa
clandestinamente,
Disfrutamos de la casa verdosa
del azulejo.

(5/24/2010—En el balcón del hotel "La Estancia"
en La Ciudad de Panamá, Panamá)

"The Bluebird"

Vapor of humidity blows
between the songs
of small birds,
Monkeys dance in the
sea of leaves
like acrobats,
Bananas tied to a
rope,
Asymmetrical leaves rest
on the hands of the wind,
Blackbird stained with
a red hue
jumps from one branch
to another,
Bridge of the Americas in
the distance,
Symbiotic union between
the Americas,
In between the trunks,
Flowers of the flamboyán,
Insects buzzing in
the morning's foliage.

Clouds fill the sky,
Blue sky highlighted
with a gray tint,
Bamboo wall
sustains its glance on
the palms swaying in the

Pacific air,
Delicious fried plantains
decorate plates,
Slow refreshing breeze
soothes the skin
with its touch.

A bird's guttural sound
breaks the silence of the
sparrows' choir,
The flora drinks the nutritious
rain,

Tin roof hides in
the verdurous countryside,
Vines hang like curtains
among the spectacle
of branches,
A thick tailed squirrel
climbs secretly,
We enjoy the greenish
bluebird's home.

*(5/24/2010—On the balcony of "La Estancia"
hotel in Panama City, Panama)*

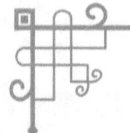

"Gamboa"

Un tucán descansa en
lo alto de un árbol,
Muchedumbre de hojas
verdes,
Monos descansando en
una máscara
invisible de luz,
tierra, piedra, agua. . .

Garzas flotan sobre
el lago,
Pájaro negro con alas
amarillas
se para meditando,
La humedad empapa
nuestra piel,
Hormigas cortadoras de hojas
caminan en fila,
Obrando con pedazos
de hojas sobre
sus espaldas,
El matapalo abraza otro
árbol,
Vida y muerte
juegan un baile de existir,
no existir. . .

Escarabajos verdes,
azules penetran la madera
del tronco,
Caminamos por el sendero
natural,
Insectos zumban en el
trasfondo de la
conciencia del bosque,
Armonía total entre
flora, fauna,
Vemos, oímos,
Percibimos la belleza
hipnotizante,
El chillar del aire
transmitiéndose en ecos
acústicos,
La luz de Dios revelándose
en la textura vegetal. . .

Acompañados por la
soledad de los arbustos,
Sonidos melódicos
llenan los ojos del espíritu. . .

(5/25/2010—En el hotel "La Estancia" con Jan en La Ciudad de Panamá)

"Gamboa"

A toucan rests high
in a tree,
Abundance of green
leaves,
Monkeys resting in
an invisible mask
of light,
earth, rock, water. . .

Herons float on the
lake,
Blackbird with yellow
wings
stands meditating,
Humidity soaks
our skin,
Leaf-cutting ants
march in columns,
Laboring with pieces
of leaves on
their backs,
The matapalo embraces
another tree,
Life and death
play a dance of existing,
not existing. . .

Green, blue beetles
penetrate the wood
of the tree's trunk,
We walk along the natural
path,
Insects buzzing in the background
of the forest's conscious mind,
Total harmony between
flora, fauna,
We see, we hear,
We perceive the hypnotizing
beauty,
The screeching air
transmitting itself in acoustic
echoes,
God's light revealing itself
in the texture of the
vegetation. . .

Accompanied by the
solitude of the trees,
Melodic sounds
fill the spirit's eyes. . .

*(5/25/2010—At the hotel "La Estancia"
with Jan in Panama City)*

"Portobelo"

Calle inundada de palmares,
Arbustos gigantescos
del bosque,
Simbióticamente
intercalados con
la gente,
Hormigas cortadoras de hojas,
La rama amarilla
de El Valle,
Cerro inclinado
de gente humilde,
trabajadora,
Esclusas abren,
cierran,
Barcos transatlánticos
pasan,
Tiempos históricos
de un pasado
presente,
Edificios militares
de norteamericanos,
abandonados. . .

Playa tortuguita aislada,
Viento de un pasado
fluye como la corriente
del Caribe,
Fuerte de San Lorenzo
protege la bahía,
Río Chagres,
Vida del canal,

Vida del tesoro incaico
hundido en la conciencia
del español conquistador,
La espada de avaricia
llena de lágrimas
de los cimarrones,
los afrocaribeños,
Sudor del canal embotellado
en Colón...

Luz del atardecer cae sobre
costas caribeñas,
Pescadores con mallas
en el mar pescan,
Azul pintado por
el pincel azulado,
La naturaleza genera
una abundancia de
aves,

El colibrí con su color verde
azul llena su
plumaje con su tinta,
Monos disfrutan de
las bananas,
Juego entre pájaros,
monos e insectos
variados,
Crucigrama de elementos
naturales brota de la
flor de orquídea,

dejando huellas en la
arena de una playa bonita,
Costa del Pacífico
abraza la imaginación,
Playa infinita,
de horizontes inacabables,
Oleaje moderado cae
sobre la orilla,
Conchitas se sumergen
en partículas granosas,
Arena rayada por la marea. . .

Indios kunas habitan
pueblos entre la modernización,
La permanencia del tiempo,
El cambio surge lentamente
como el *Chorro Macho*
en *El Valle,*
La manta de la noche
llega resplandeciente
como la luna
abriendo persianas
en las nubes. . .

Matapalo se sube
al tronco
del árbol cuadrado,
Llega la luz de otra
mañana sobre el horizonte
panameño,
Dos océanos unidos por
flora y fauna,
Momentos compartidos
en reflexión,
Aguacero tropical refresca
el paladar de
este país. . .

(5/28/2010—Con Jan en la ciudad de Colón, Panamá)

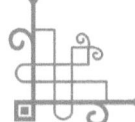

"Portobelo"

Street inundated with palm
trees,
Gigantic trees from
the forest,
Symbiotically
interpolated with
people,
Leaf-cutting ants,
Yellow frog from
El Valle,
Inclined mountain
of humble people,
hardworking,
Locks open,
close,
Transatlantic ships
pass,
Historical times
of a past present,
North American military
buildings,
abandoned. . .

Isolated Turtle Beach,
Wind from the past
flows like a Caribbean
current,
The San Lorenzo Fort
protects the bay,
The Chagres River,
Life of the canal,

Life of the Incan treasure
sunken in the consciousness
of the Spanish conquistador,
Sword of avarice
fills the tears
of the *Cimarrones*—
the Afro-Caribbeans—
the canal's sweat bottled
in Colón. . .

Early light of dusk falls
on the Caribbean coasts,
Fishermen with nets
in the sea fish,
Blue painted by the
bluish paintbrush,
Nature generates
an abundance of birds,
The hummingbird with its
greenish blue color fills
its plumage
with its ink,
Monkeys enjoy
bananas,
Multifarious play among
birds, monkeys,
and insects,

Crossword puzzle of
natural elements
germinates from the
orchid's flower,
leaving prints in
the sand of a beautiful
beach,

Pacific coast
embraces the imagination,
Infinite beach,
of unending horizons,
Moderate cluster of waves
falls on the shore,
Shells submerge themselves
in grainy particles,
Sand marked by the
tide. . .

Indigenous Kunas reside
in towns in between
modernization,
The permanence of time,
Change occurs slowly
like the cascading water
of the Chorro Macho
in El Valle,
The blanket of night
arrives resplendent
like the moon
opening its blinds
in the clouds. . .

The matapalo tree
strangles the trunk
of the square tree,
The light of another dawn
arrives on the Panamanian
horizon,
Two oceans jointed by
flower and fauna,
Moments shared in
reflection,
Tropical rainfall refreshes
the palate
of this country. . .

(5/28/2010—With Jan in Colón, Panama)

"La Porte"

Cielo grisáceo rayado
por la luz,
Olas de color café
respiran sobre la arena,
Sudor gotea sobre
la bicicleta entre
sollozos de vapor,
El mar refresca el alma
como campanas
en la brisa
sombreada de la tarde. . .

Manchas soleadas dispersadas
por la terraza,
Resplandor del verano
reflejado en vidrios
coloridos,
Momentos perdidos
en el atardecer
del domingo,
Florecer de gaviotas en
la aurora rosácea de la
luz. . .

Mar calmado de poco
oleaje
se agita poco a poco,
Taquería en centro
urbano, rural,
Salvadoreño limpia
coches,
Hombre de sonrisa feliz,
con trapo y botella de
Windex en la
mano,
Limpia la ventana
dejando el reflejo
del cielo en vidrio
transparente. . .

Puerto petrolero
ilumina la noche
con estrellas de
sus fábricas en el
horizonte de un puerto
tejano
al costado de Houston. . .

(6/13/2010—Después de participar en un triatlón en La Porte, Texas)

"La Porte"

Grayish sky streaked
by light,
Brown colored waves,
Breathe on the sand,
Sweat drips on the bicycle
between vaporous sobs,
The sea refreshes the soul
like bells in the shaded
afternoon breeze. . .

Sunny stains dispersed by
the terrace,
Summer radiance
reflected in colorful
glass,
Moments lost in the
Sunday afternoon,
Flowering of seagulls in
the roseate daybreak of
light. . .

Calm sea of low
waves
agitates little by little,
Taquería in an urban,
rural center,
Salvadorian cleans
cars,
Man with a happy smile,
with a rag and Windex
bottle in hand,
Cleaning the window
leaving the sky's reflection
in the transparent
glass. . .

Petroleum port
illuminates the night
with stars from its
plants in the horizon
of a Texan port,
nestled close to Houston. . .

(6/13/2010—After participating in a triathlon in La Porte, Texas)

"La Yedra"

El hombre marinea
entre zadorijas
del jardín,
Escucha la cigarra
sollozando entre
respiros del calor
y hojas verdinas,
Yedra del alma
salpresa
el yugo de la vida,
El hombre perdido
en la vibración
natural convive
con la creación divina. . .

Alabanzas salpican
los labios de la
zadorija,
Lágrimas de gozo
recalan
las tempestades
sombrías que llegan
a todos. . .

Vezamos en separarnos
de Dios,
Marmoteamos solos,
Perdidos sin Él,
Nos busca en la hojarasca
cotidiana,

Como hormigas cortadoras de hojas,
Lleva nuestros pesares
sobre Él,
Su fuego arde incesantemente
en nuestros corazones. . .

Vergueamos contra Él
en nuestra soberbia,
Nos humilla como la
intemperie abrazando
estrellas
del mar celestial,
Eres el zagual que
necesitamos para
navegar. . .

Nos levantas de ese
profundo abismo de
desesperación
con la yedra de tu amor. . .

(6/19/2010—En mi casa en Canyon Lake, Texas)

"The Ivy"

The man sails
between the yellow poppies
of the garden,
He hears the cicada
crying among the
breaths of heat
and green leaves,
The soul's ivy
preserves with
salt
the yolk of life,
Man lost in the
natural vibration
cohabits with
the divine creation. . .

Praises splash on
the lips of the
yellow poppy,
Tears of joy soak
the solemn storms,
reaching us all. . .

Accustomed to separating
ourselves from God,
We jabber alone,
Lost without Him,
He searches for us in
the daily bunch of
fallen leaves,

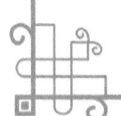

Like leaf-cutting ants,
He carries our burdens
upon Himself,
His fire burns incessantly
in our hearts. . .

With a rod we fight
against Him with our
pride,
He humbles us like
the wide open sky
hugging the stars
of the celestial sea,
You are the paddle
needed for
sailing. . .

You lift us from
that deep abyss of
desperation
with the ivy of your
love. . .

(6/19/2010—At my home in Canyon Lake, Texas)

"El cincuentón"

Los años pasan como
el aire susurrando
entre la hojarasca de
un arbusto,
Se afina tu voz cantando
melodías colombianas acompañadas
por cuerdas de guitarra,
Resonancias almacenadas
en tu corazón
de momentos especiales
con tu familia y amigos. . .

Cumples el cincuentón
llegando al precipicio de
la euforia,
Lugar merecido en donde
se agradece el capullo
de cada momento,
donde florece ese sentimiento
de aprecio,
esa luz sonrosada filtrando
el espectro vivido con el sendero
que te espera. . .

(7/1/2010—Colegio Universitario de San Antonio, un poema para Fernando)

"The Fiftieth"

Years pass like air
whispering in between
the sea of leaves,
Your voice becomes tuned
by singing Colombian melodies
accompanied by guitar
cords,
Resonance stored
in your heart
of special moments
with your family and
friends. . .

You turn fifty
reaching the precipice of
euphoria,
A deserving place in which
the bud of each moment is
appreciated,
that feeling of gratitude blossoms,
that rosy light
filtering the spectrum of life
lived with the path
awaiting you. . .

*(7/1/2010—San Antonio College,
a poem for Fernando)*

"Montando Una Bicicleta"

Humedad de julio
pavimenta el asfalto,
Sudor desliza por
la piel creando
riachuelos,
El disco rueda,
kilómetro por kilómetro,
Luces de semáforo
marcan las calles,
Colores de rojo, verde,
amarillo
se desplazan entre
sombras creadas por
árboles y casas. . .

El sol calienta a primera hora,
Caminos del campo llenan
la imaginación con
cosechas de maíz,
Camionetas con
cortacéspedes van
de un lado a otro,
Caminos largos se pierden
en la imagen clara de
un día sin nubes,
El tren pasa paralelamente
a la carretera 78,
de San Antonio a Seguin. . .

Girasoles respiran buscando
un aliento del calor
abrumador,
Un perrito blanco con
manchas de color café
ladra,
Me sigue enfocado en
el pedal,
Rotación continua,
monótona,
repetitiva,
Calor intenso,
Gotas caen sistemáticamente
sobre el cuadro
de mi bicicleta. . .

Mi rueda da otra vuelta
sobre el pavimento tejano.

(7/26/2010—Después de montar por tres horas
de la casa de Jan en San Antonio, Texas)

"Riding a Bicycle"

The humidity of July
paves the asphalt,
Sweat glides down
the skin creating
rivulets,
The wheel revolves,
kilometer by kilometer,
Lights from a traffic light
mark the streets,
Red, green, yellow
colors
are displaced between
shadows created by
trees and houses. . .

The sun warms at the early
hour,
Country roads fill the
imagination with
corn crops,
Pickup trucks with
lawn mowers go
from one place to another,

Long roads lose
themselves in the
clear image of a
cloudless day,
The train passes parallel
to highway 78,
from San Antonio to Seguin. . .

Sunflowers breathe looking
for relief from the
overwhelming heat,
A white dog with
tan spots barks,
He follows me focused
on the pedal,
Continuous rotation,
monotonous,
repetitive,
Intense heat,
Drops fall systematically
on the frame
of my bicycle. . .

My wheel turns
again on the Texan
pavement.

*(7/26/2010—After riding for three hours from
Jan's house in San Antonio, Texas)*

"Misa Dominical"

Todos llegan
calladamente,
Las cinco y media marca
ese momento
transcendental,
Se canta una canción,
Se leen las escrituras,
Hoy del Génesis,
Dios salva a las personas
benévolas,
aprobadas,
obedientes, nos sentamos,
La rutina del servicio
monótono,
tradicional,
rudimentario,
El padre se para,
La gente se para,
Lee las escrituras,
Da el sermón,
¿Cómo rezar?. . .

Hay diferentes oraciones,
peticiones,
Mis ojos titubean,
Le pedimos a Dios,
Dios nos bendice,
Nos da su respuesta. . .

Catedral semioscura,
Se parte el pan,
Cuerpo sagrado de Cristo,
Se prepara el vino,
Sangre sagrada
de Cristo,
Se celebra otra vez el
misterio
de Su *Vida*. . .

Nos ofrecemos paz
el uno al otro,
Nos arrodillamos
en obediencia,
Nos humillamos,
Perdidos en la rutina,
Reaccionamos,
sumisos, respetuosos,
agradecidos,
Otra misa dominical.

*(7/26/2010—La Iglesia de San Pablo con
Jan en San Antonio, Texas)*

"Sunday Mass"

Everyone arrives
quietly,
Five thirty marks that
transcendental moment,
A song is sung,
Scriptures are read,
Today from Genesis,
God saves benevolent,
approved people,
Obediently, we sit down,
The routine of the
monotonous,
traditional,
rudimentary
service,
The father stands up,
The people stand up,
He reads the scriptures,
He gives the sermon,
How to pray?. . .

There are different prayers,
petitions,
My eyes vacillate,
We ask God,
God blesses us,
He gives us his answer. . .

Dimmish cathedral,
Bread is broken,
Sacred body of Christ,
The wine is prepared,
Christ's sacred blood,
The mystery of *His Life* is
celebrated
again. . .

We offer peace to
one another,
We kneel
in obedience,
We humble ourselves,
Lost in the routine,
We react,
submissive, respectful,
appreciative,
Another Sunday mass.

*(7/26/2010—At Saint Paul's Cathedral
with Jan in San Antonio, Texas)*

www.ingramcontent.com/pod-product-compliance
Lightning Source LLC
Chambersburg PA
CBHW030558080526
44585CB00012B/415